BEI GRIN MACHT SICH IHR WISSEN BEZAHLT

- Wir veröffentlichen Ihre Hausarbeit, Bachelor- und Masterarbeit

- Ihr eigenes eBook und Buch - weltweit in allen wichtigen Shops

- Verdienen Sie an jedem Verkauf

Jetzt bei www.GRIN.com hochladen und kostenlos publizieren

Bibliografische Information der Deutschen Nationalbibliothek:

Die Deutsche Bibliothek verzeichnet diese Publikation in der Deutschen National-bibliografie; detaillierte bibliografische Daten sind im Internet über http://dnb.d-nb.de/ abrufbar.

Dieses Werk sowie alle darin enthaltenen einzelnen Beiträge und Abbildungen sind urheberrechtlich geschützt. Jede Verwertung, die nicht ausdrücklich vom Urheberrechtsschutz zugelassen ist, bedarf der vorherigen Zustimmung des Verlages. Das gilt insbesondere für Vervielfältigungen, Bearbeitungen, Übersetzungen, Mikroverfilmungen, Auswertungen durch Datenbanken und für die Einspeicherung und Verarbeitung in elektronische Systeme. Alle Rechte, auch die des auszugsweisen Nachdrucks, der fotomechanischen Wiedergabe (einschließlich Mikrokopie) sowie der Auswertung durch Datenbanken oder ähnliche Einrichtungen, vorbehalten.

Impressum:

Copyright © 2015 GRIN Verlag, Open Publishing GmbH
Druck und Bindung: Books on Demand GmbH, Norderstedt Germany
ISBN: 9783668576162

Dieses Buch bei GRIN:

http://www.grin.com/de/e-book/378029/mensch-versus-maschine-technologien-im-alltag

Ramona Ensslen

Mensch versus Maschine? Technologien im Alltag

GRIN Verlag

GRIN - Your knowledge has value

Der GRIN Verlag publiziert seit 1998 wissenschaftliche Arbeiten von Studenten, Hochschullehrern und anderen Akademikern als eBook und gedrucktes Buch. Die Verlagswebsite www.grin.com ist die ideale Plattform zur Veröffentlichung von Hausarbeiten, Abschlussarbeiten, wissenschaftlichen Aufsätzen, Dissertationen und Fachbüchern.

Besuchen Sie uns im Internet:

http://www.grin.com/

http://www.facebook.com/grincom

http://www.twitter.com/grin_com

Einsendeaufgabe

Aufgabe C:
Mensch vs. Maschine

Versendet am 20.11.2015

New Media Management
Medien- und Kommunikationsmanagement

Von
Ramona Enßlen

Inhaltsverzeichnis

1. Vor- und Nachteile eines gesellschaftlichen Wandels 3
   1.1 Beziehungen und Familie 3
   1.2 Arbeit und Beschäftigung 3
   1.3 Privatsphäre 4
2. Branchen und Arbeitsplätze, die durch Computer ersetzt werden könnten 6
   2.1 Dienstleistungs-Sektor 6
      2.1.1 Hotellerie und Gastronomie 6
      2.1.2 Facility Management 6
      2.1.3 Einzelhandel 7
   2.2 Transport-Sektor 7
      2.2.1 Personen- und Güterbeförderung 7
   2.3 Industrie-Sektor 8
      2.3.1 Montage und Fertigung 8
      2.3.2 Logistik/Hilfsarbeiter 8
   2.4 Wirtschafts-Sektor 8
      2.4.1 Bürotätigkeiten 8
      2.4.2 Finanzen 9
3. Intelligente Informationssysteme in der Grafikabteilung der INTERSPORT Deutschland 9
   3.1 Aufgaben in der Grafikabteilung 9
   3.2 Mögliche Aufgaben für intelligente Informationssysteme 10
   3.3 Ausgeschlossene Aufgaben für intelligente Informationssysteme 11

Literaturverzeichnis 12
Abkürzungsverzeichnis 13
Abbildungsverzeichnis 13

1. Vor- und Nachteile eines gesellschaftlichen Wandels

Egal ob Smartphones, Tablets oder leistungsfähige Computer – sie sind Teil unseres Alltags und haben einen essentiellen Stellenwert in den verschiedensten Altersgruppen, sozialen Schichten und diversen Berufen. Sie sind allgegenwärtig, erschwinglich und erfüllen die verschiedensten Bedürfnisse. Doch ist das alles ein großer Segen für jeden von uns und für unsere Gesellschaft? Was wenn diese kleinen Weggefährten anfangen wie Menschen zu denken?

1.1 Beziehungen und Familie[1]

Sind die intelligenten Maschinen erst einmal vollständig in unsere Gesellschaft integriert und akzeptiert wird die nächste Generation schon von Geburt an mit ihnen an ihrer Seite aufwachsen. Der „unsterbliche" Weggefährte wäre ein gravierender Einschnitt in die menschliche Sozialsphäre, waren doch bisher alle Beziehungen endlich und an das biologische Altern gebunden. Die Rede ist von einem Roboter, der verschiedene Aufgaben bewältigen kann. Sei es die Überwachungsfunktion der Vital-Werte zur Vermeidung des plötzlichen Kindstodes, der Spielgefährte oder der Erzieher und Kita-Ersatz, Eltern wären entlastet und könnten anderen Tätigkeiten nachgehen oder aber weiter ihre Karriere verfolgen. Dies käme hauptsächlich den Frauen zugute, die meist mindestens ein Jahr in ihrem Beruf pausieren. Sinkende Geburtenraten könnten somit gestoppt und die demografische Pyramide verändert werden.
Ebenso würde dieser mechanische Partner auch emotional an seine Grenzen stoßen. Zwischenmenschliche Gefühle wie Wut, Hass, Liebe oder Eifersucht könnten nicht vermittelt werden und soziale Werte und Leitbilder die unsere Gesellschaft prägen würden auf der Strecke bleiben.
Auch der Einfluss des Roboters auf seinen menschlichen Partner könnte ein gewisses Risiko mit sich bringen. Kaufentscheidungen, politische Ansichten oder religiöse Glaubensrichtungen könnten vorgegeben und weitergegeben werden – von der Maschine ginge ein großes Machtpotenzial aus, welches den freien und eigenen Willen des Menschen gänzlich unterdrücken könnte.

1.2 Arbeit und Beschäftigung

Prinzipiell wird Arbeit als eine *„Tätigkeit aufgefasst, die dazu dient, ein bestimmtes Ziel zu erreichen".*[2] Sie ist ein wichtiger Bestandteil des menschlichen Lebens und sichert das Überleben und den Fortschritt. Viele Berufsfelder könnten in den nächsten Jahren von einer Automatisierung betroffen sein, wie zum Beispiel das Transportwese, Büro- und Verwaltungstätigkeiten oder die Logistik *(siehe Kapitel 2)*. Was geschieht nun aber mit der Gesellschaft, wenn prognostizierte 90% der Berufe von intelligenten Informationssystemen ersetzt werden?
Zunächst einmal muss man sagen, dass die Einführung der Roboter neue Arbeitsplätze mit sich bringt. Neue Berufe und Anforderungen werden auf die menschlichen Arbeitnehmer zukommen, auf die sie flexibel reagieren müssen. Ebenso sind Berufe mit einem hohen Bildungsgrad, Geschicklichkeit und Flexibilität weniger von diesem Problem betroffen, als beispielsweise einfache Hilfsarbeiter Jobs. Nichtsdestotrotz würde die Gesellschaft Gefahr laufen

---

[1] Vgl. Bittmann, F. 2014, S. 105 ff
[2] Vgl. Bittmann, F. 2014, S. 137

eine strukturelle Massen-Arbeitslosigkeit zu riskieren, wie sie bisher in der Geschichte der Menschheit noch nie da war.[3]

Dennoch können auch positive Hoffnungen in diese Neuerungen gelegt werden. Durch die geringeren Lohnkosten und Stundensätze, die mithilfe der Roboter eingespart werden können, werden Unternehmen deutliche höhere Gewinne erzielen, was sich wiederum auf ein höheres BIP und höhere Steuereinnahmen bemerkbar machen wird. Somit könnte der Sozial-Haushalt und das damit zusammenhängende Arbeitslosengeld I und II oder sogar ein Grundeinkommen für jeden gesichert werden. Dennoch: Die Menschen würden ohne Arbeit den eigentlichen Sinn hinter einer lebensnotwendigen Aufgabe und Beschäftigung verlieren.

Eine der neusten wissenschaftlichen Untersuchungen über die möglichen Auswirkungen auf dem Arbeitsmarkt stammen von zwei Wissenschaftlern der Universität Oxford.[4] Durch Auswertungen in den Bereichen der sozialen Intelligenz, Kreativität sowie eine ausreichend gute Wahrnehmung der Umwelt und die Fähigkeit, diese zu manipulieren fanden sie heraus, dass es sich um bei den 700 untersuchten Berufen ausschließlich um Berufe unserer momentanen Gesellschaft handelt. Denn die voranschreitende Automatisierung wird neue Berufe, Berufsfelder und Kompetenzanforderungen mit sich bringen. Somit werden bisherige Berufe durch intelligente Informationssysteme ersetzt – aber auch Neue erschaffen! Somit wird es neue Erkenntnisse, Wissenschaften, Studiengänge, Berufe und Herausforderungen für die nächste Generation geben.

1.3 Privatsphäre[5]

Im Zuge der Kommunikation, der immer weiteren digitalen Vernetzung und dem späteren autonomen Denken der intelligenten Informationssysteme geht es in diesem Abschnitt um die Veränderungen im Bereich der öffentlichen Sicherheit, der Privatsphäre und des Datenschutzes. Aufgrund der sich immer mehrenden Verbrechen an öffentlichen Plätzen auf der ganzen Welt ist die Gefahr groß, dass auch die Waffenentwicklung weiter voranschreitet, intelligenter und effektiver wird. Daher wird das Verlangen der Bevölkerung nach einer strengeren Überwachung auf öffentlichen Plätzen immer größer. Mithilfe des „Gläsernen Menschen" und der absoluten Transparenz sollen potentielle Verbrecher und bereits geschehene Taten schneller und sicherer erkannt und ermittelt werden. Intelligente und selbst lernende Algorithmen sollen bestimmte auffällige Bewegungsmuster, wie z.B. nervöse Gangarten, veränderte Mimik, unbewusste Gesten und Verhaltensweisen die jeder Attentäter vor einer Tat aufweist frühzeitig erkennen und die Gefahr so rechtzeitig bannen.[6]

Intelligente Kameras und Mikrofone können mithilfe der Gesichtserkennung und durch Stimmerkennungen alle Personen binnen Sekunden identifizieren und orten. Durch längeres Speichern sämtlicher Informationen können auch Menschen Zugriff auf alle persönlichen Details erhalten und spätestens hier stellt sich die Frage: Wer überwacht die Wächter?

Wer sich also in Städten oder an besonderen Plätzen aufhält muss damit rechnen, beobachtet zu werden und seine Ziele und Absichten offenbaren. Eine Gesellschaft in einer solchen Welt funktioniert anders, als in einer ohne Überwachung. Alleine das Wissen kontrolliert und überwacht zu werden, übt einen starken gesellschaftlichen Druck aus und lässt Menschen

---

[3] Vgl. Schäfers, M. 2014, S. 125 ff
[4] **Vgl. Frey, C., Osborne, M.: The future of employment working paper.pdf**
[5] **Vgl. Schaar, P. Das Ende der Privatsphäre. 2007. S. 34 ff**
[6] Vgl. Bittmann, F. 2014, S. 170 ff

anders handeln – es kommt zu Druck, Anpassung und Selbstzensur. Durch die konstante Ungewissheit, werden sie dazu verleitet ihr Verhalten zu ändern, ohne jedes äußere Eingreifen und alleine durch die eigene Psyche.[7]

Diese Überwachung wird sich allerdings nicht nur auf den öffentlichen Bereich beschränken, auch das private und kommerzielle Leben wird davon betroffen sein. Ein Teil der schon heute das Leben vieler maßgeblich beeinflusst sind die sozialen Netzwerke. Längst dienen sie nicht mehr dem reinen schnellen Informationsaustausch zwischen Freunden sondern bieten vielmehr Raum zur Selbstdarstellung und Eigen-Inszenierung. Man „liked" Produkte und Dienstleistungen, die einem gefallen oder „postet" Bilder von Personen und Orten. Dies stellt jetzt schon ein leichtes Auswerten des jeweiligen Nutzer-Profils dar und maßgeschneiderte Werbung des jeweiligen Nutzers ist für Unternehmen ein lukratives Geschäft.

Die sozialen Netzwerke sind allerdings nur ein kleiner Ausschnitt des „World Wide Web" und das Gesamtwerk Internet bedient viele Facetten, ohne die das Leben in der heutigen und zukünftigen Zeit undenkbar wäre. Schon allein die Verbreitung des mobilen Internets und der Personen die „online" sind ist in den letzten Jahren exorbitant gewachsen. Viele alltägliche Dinge wären ohne Internet nahezu nicht mehr zu bewältigen, sei es die Kommunikation mittels E-Mail oder die vernetzte Weltwirtschaft.

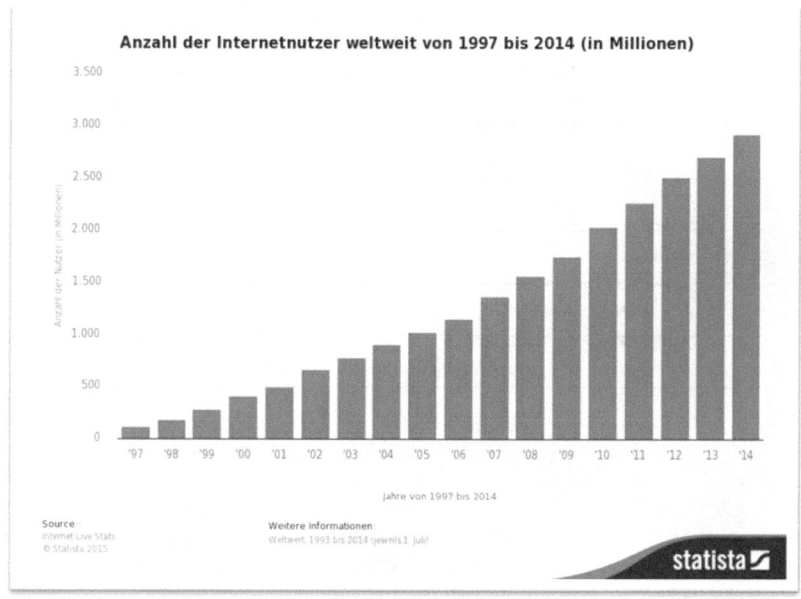

Abbildung 1: Anzahl der Internetnutzer weltweit von 1997 bis 2014 (Quelle: https://de.statista.com/statistik/daten/studie/186370/umfrage/anzahl-der-internetnutzer-weltweit-zeitreihe/)

Schon in der Vergangenheit gelang es den Geheimdiensten durch ein ausgeklügeltes Spionagesystem weltweit bedeutende Knotenpunkte des digitalen Kommunikationssystems

---

[7] Vgl. Foucalt, M.: Überwachen und Strafen. 1994. S. 54 ff

anzuzapfen. Die eigentliche Aufgabe in den intelligenten Informationssystemen der Zukunft liegt darin, wichtige Informationen von Unwichtigen zu trennen und Diskretion darüber zu bewahren. Allerdings wird jeder Nutzer in der Zukunft gleichzeitig immer transparenter und damit auch vorsichtiger. Auch die Politiker werden vor neue Aufgaben gestellt neue Gesetze und Verordnungen zum Thema Datenschutz zu erlassen, sodass die Privats- und Intimsphäre der Bevölkerung in neuem Maße geschützt werden.[8]

2. Branchen und Arbeitsplätze, die durch Computer ersetzt werden könnten

Der Einsatz von intelligenten Informationssystemen wird in den kommenden Jahren voraussichtlich Millionen von Arbeitsplätzen auch in Deutschland gefährden. Volkswirte der ING-Diba haben einen Wegfall von bis zu 59 Prozent aller Arbeitsplätze in den nächsten Jahrzenten prognostiziert.[9] Hauptvorteil besteht im Wegfall der teuren menschlichen Stundenlöhne von durchschnittlich 12 Euro und dem Einsatz billigerer automatisierter, maschineller Prozesse.

Die Übernahme durch Maschinen ist zwar schleichend, dennoch bestimmte Berufsgruppen sind mehr betroffen als andere. Grundsätzlich gilt je höher der Bildungsgrad und die Karrierestufe desto geringer ist das Risiko von einem Roboter ersetzt zu werden. Dennoch ist die gute Nachricht dabei, dass durch die Automatisierung auch neue Aufgaben, Tätigkeiten und Berufe entstehen können.[10]

2.1 Dienstleistungs-Sektor

2.1.1 Hotellerie und Gastronomie

Im Bereich der Hotellerie könnten Empfangsmitarbeiter durch immer gut gelaunte und höfliche Roboter-Kollegen ersetzt werden. Ein Schlüssel-Ausgabe- und Informations-System wäre ohne weiteres realisierbar. Es gäbe 24-Stunden Schichten die ohne Nacht- oder Sonderzuschläge bewältigt werden können.

In der Gastronomie könnten Bedienungen durch Maschinen ersetzt werden, diese wären vermutlich zeitlich schneller unterwegs und könnten sich zudem Bestellungen besser merken – die Fehlerquote könnte auf ein Minimales reduziert werden.

2.1.2 Facility Management

Im Bereich der Gebäudereinigung könnten Reinigungs-Roboter auch die unhygienischsten und für den Menschen unangenehme Aufgaben verrichten. Auch das Fensterputzen in schwindelerregender Höhe müsste nicht mehr durch spezielle Fachkräfte erledigt werden. Schon heute lösen automatische Staubsaug-Roboter den Menschen im Haushalt ab. Die Reinigungskräfte wären somit möglicherweise in ein paar Jahren überflüssig.

---

[8] Vgl. Heller, C.: Prima leben ohne Privatsphäre. 2011. S. 78
[9] Vgl. welt.de: Maschinen könnten 18 Millionen Arbeitnehmer verdrängen. www.welt.de (Stand 17.09.15)
[10] Vgl. welt.de: Maschinen könnten 18 Millionen Arbeitnehmer verdrängen. www.welt.de (Stand 17.09.15)

2.1.3 Einzelhandel[11]

Im Bereich des Einzelhandels könnte zukünftig der Beruf des Verkäufers durch intelligente Systeme ersetzt werden. Kunden könnten spezielle Artikel suchen lassen, die von einem Roboter mithilfe einer Datenbank recherchiert und an entsprechender Stelle im Verkaufsraum gefunden werden können. Auch Suchaufträge nach Farbe, Stil, Größe etc. wären auf Anhieb kein Problem für die Maschine. Da dürfte der menschliche Verkäufer mit seinem Wissen an seine Grenzen stoßen. Das anschließende Aufräumen und Einsortieren der Kleidung ist sowohl in Geschwindigkeit als auch in Präzision schwer zu übertreffen.

2.2 Transport-Sektor

2.2.1 Personen- und Güterbeförderung

Die Technik zum Einsatz sogenannter „Autonomer" Fahrzeuge steht bereits und mit ihrer aktuellen „Next" Kampagne ist sich Mercedes Benz sicher, dass diese Selbstfahrer bald auf den Straßen zu finden sind. Hierzu müssten im Vorfeld allerdings noch einige Vorbereitungen getroffen werden:[12]

- **Der Mensch:** Hierbei gilt es zu klären ob Personen als letzte Instanz eingreifen können/sollen/dürfen?
- **Raum- und Verkehrsplanung:** Das zukünftige Verkehrsaufkommen sowie der Bedarf an Fahrzeugen und den dazugehörigen Parkplätzen müsste genauestens kalkuliert werden.
- **Infrastruktur:** Zur optimalen Nutzung müsste eine digitale Infrastruktur für das autonome Fahrzeug konstruiert werden. Verkehrsschilder, Ampeln sowie alle notwendigen Attribute im Straßenverkehr müssten mit dem Fahrzeug kommunizieren (V2I = Vehicle to Infrastructure)
- **Recht:** Versicherungstechnische Themen wie Gewährleistung, Garantie und Schadenersatz, sowie Verkehrsregeln (Tempolimit, Sicherheitsabstand) müssten neu überdacht werden.
- **Ethik:** In diesem Aspekt geht es um das individuelle und intuitive Entscheidungen treffen in besonderen Ausnahmesituationen. Weicht das autonome Auto bei einem Hindernis, zum Beispiel ein kleines Kind, lieber aus und gefährdet damit das Leben der Insassen oder gefährdet es lieber das Leben des Kindes?
- **Sicherheit:** Hierbei geht es um die IT-Sicherheit und das Sicherstellen von externen Fremdzugriff und das Hacken von Fahrtrouten.

---

[11] Vgl. focus.de: Diese 5 Jobs werden bald durch Maschinen ersetzt. (Stand 17.09.15)
[12] Vgl. Heise.de: Die sieben Hürden zum selbstfahrenden Auto. www.heise.de
(Stand: 17.09.15)

- **Technik:** Technische Details im Umgang mit Umwelteinflüssen und verschiedenen Wetterlagen müssen abgeklärt werden.

2.3 Industrie-Sektor

2.3.1 Montage und Fertigung[13]

Die Montage und Fertigung könnte in manchen Industrie-Bereichen im großen Umfang ersetzt werden – und wird es sogar teilweise heute schon. Bestes Beispiel hierfür ist die Automobil Branche. So sieht Volkswagen Personalvorstand Horst Neumann zwei große Vorteile in der Automatisierung. Das Unternehmen könne die Fertigungskosten senken und nicht ergonomische Arbeitskraft abgeschafft und gesundheitsbelastende Tätigkeiten eliminiert werden. Angst um seinen Arbeitsplatz müsse demnach niemand haben und der Produktionsstandort Deutschland wäre weiterhin gesichert.

2.3.2 Logistik/Hilfsarbeiter[14]

Lange galt die Logistik und die Lagerwirtschaft als typischer Arbeitsplatz für Hilfsarbeiter und geringqualifizierte Arbeitnehmer - doch auch hier schreitet die Automatisierung schon in den letzten Jahren stetig voran.

Viele Strichcode-Scanner, Warenwirtschaftssysteme und Lagerroboter, die entweder Waren oder ganze Regale bewegen sind schon in vielen Lagern zu finden und haben dahingehend auch schon einige Arbeitsplätze ersetzt.

Auch Amazon setzt zukünftig auf eine automatisierte Kommissionierung – das sogenannte „Kiva System". Statt Kommissionerer durch Lagergänge zu schicken oder Roboter-Regalsysteme zu verwenden benutzt Kiva kleine, kastenförmige Lastenroboter, die Regale mit entsprechender Ware zu den Packern transportieren. Kiva behauptet die Effizienz eines einzelnen Arbeiters verdreifachen zu können.

2.4 Wirtschafts-Sektor[15]

2.4.1 Bürotätigkeiten

Wie Abbildung 3 *(Roboter ersetzen Arbeitskräfte, siehe Kapitel 2, Seite 7)* schon erkennen lässt sind die Arbeitsplätze der Bürotätigkeit besonders gefährdet. Das schriftliche Erfassen von Protokollen und Tonbändern mithilfe von Spracherkennung sowie das einwandfreie Formatieren und fehlerfreie Editieren dieser Dokumente dürfte in den nächsten Jahren den Beruf der typischen Assistentin ersetzen. Ebenso das digitale Ablegen, Einsortieren und Hervorholen der Akten könnte mithilfe eines Barcodes fehlerfreier, schneller und effizienter sein. Zusammenfassend lässt sich sagen, dass sich prinzipiell eigentlich jede Bürotätigkeit automatisieren und durch einen Roboter ersetzen lässt.

---

[13] Vgl. welt.de: Volkswagen ersetzt die Babyboomer durch Roboter. www.welt.de (Stand. 17.09.15)

[14] Vgl. spiegel.de Automatisierte Systeme verändern Lagerwirtschaft. www.spiegel.de (Stand. 17.09.15)

[15] Vgl. Deutsche Wirtschaftsnachrichten: Jeder zweite Job wird durch Automatisierung wegfallen. www.deutsche-wirtschafts-nachrichten.de (Stand 17.09.15)

2.4.2 Finanzen

Um einen Kredit oder eine Lebensversicherung abzuschließen und die dazugehörige Auszahlungssumme festzulegen könnten Computer anhand verschiedener Risiken und Faktoren des jeweiligen Interessenten ein für das Institut bestmöglichstes und risikoarmes Angebot erstellen. Mithilfe der verschiedenen Parameter wie Alter, Beruf, Bildungsstand oder Vorerkrankungen könnten individuelle und befriedigende Ergebnisse für Beide Seiten zustande kommen.

3. Intelligente Informationssysteme in der Grafikabteilung der INTERSPORT Deutschland

Die INTERSPORT Deutschland eG mit Stammsitz in Heilbronn wurde 1956 von einigen weitsichtigen Sportfachhändlern gegründet und ist die erfolgreichste mittelständische Verbundgruppe im deutschen und europäischen Sportfachhandel. In ihr sind in Deutschland über 900 Mitglieder zusammengeschlossen, die 1.500 Fachgeschäfte betreiben. Mit über 2,76 Milliarden € Umsatz am rund 7,71 Milliarden € starken deutschen Sportartikel- und Sportmodemarkt nimmt die Verbundgruppe seit Langem den ersten Platz in der Branche ein. Mehr als 20.000 Mitarbeiter erzielen dabei auf über 990.000 m^2 einen Durchschnittsumsatz von ca. 1,8 Millionen € je Verkaufsstelle.

3.1 Aufgaben in der Grafikabteilung

Die Grafikabteilung ist in das Marketing eingegliedert und umfasst folgende Aufgaben:

- Umsetzung individueller Werbemaßnahmen im Mitgliederauftrag inklusive Bild- und Textverarbeitung
- Bearbeitung verschiedenster gestalterischer Anfragen aus den einzelnen Abteilungen des Unternehmens
- Gestalterische und technische Umsetzung von Web-Teasern und Bannern
- Adaption verschiedener Werbemaßnahmen im Bereich Kunden-Individualisierung
- Anlegung und Anpassung von Web-Teasern für die INTERSPORT Homepage oder im Mitgliederauftrag
- Neuanlage, Pflege und Aktualisierung von Firmeneindrucken gemäß Vorgabe und Corporate Identity
- Pflege und Aktualisierung von Markenlogos
- Datenpflege und –sicherung der bearbeiteten und umgesetzten Aufträge
- Archivierung sämtlicher Layoutdaten von Agenturen/Reproduktion aus Prospekten und Katalogproduktionen
- Fotografie von Hart- und Legeware

- Bildfreigabe für externe Werbeagenturen

3.2 Mögliche Aufgaben für intelligente Informationssysteme

Ein möglicher Aufgabenbereich für intelligente Informationssysteme der Zukunft könnte das Erstellen von automatisch generierten Web-Bannern und Teasern für die Homepage sein. Hierbei könnten sogenannte Templates – Grafische Vorlagen – erstellt werden bei denen Position, Größe, Farbigkeit, Schrift und weitere Attribute festgelegt werden und der Inhalt nur noch aus externen Dateien wie zum Beispiel Excel Tabellen gezogen wird. Dabei gibt es zwar wenig gestalterischen Freiraum, dennoch könnten Teaser mit einem einheitlichen Erscheinungsbild binnen Sekunden erstellt und online gestellt werden.

Abbildung 2: Teaser Startseite der INTERSPORT Homepage (Quelle: www.intersport.de)

Ein weiteres wichtiges Aufgabengebiet der Grafikabteilung umfasst die Neuanlage, Pflege und Aktualisierung von Firmeneindrucken gemäß Vorgabe und Corporate Identity. Dies bedeutet, dass der Name des Mitgliedes in einem bestimmten Größenverhältnis zum INTERSPORT Logo steht. Hierbei müssen auch Abstand und Position berücksichtigt werden. Auch dies könnte man mit automatisierten Prozessen einstellen und programmieren. Wurde danach der Firmeneindruck vom Mitgliedshaus freigegeben wird in der das CMS (Content Management System) geladen und steht nun zentral auf einem Server für die INTEPSORT Zentrale und das Mitgliedshaus in verschiedenen Größen, Auflösungen, Farbigkeiten und Versionen zur Verfügung. Wird nun beispielsweise ein neuer Winter-Prospekt vom Mitglied über das CMS bestellt könnte nun das intelligente Informationssystem automatisch einen Druckauftrag an die Druckerei auslösen und die einzelnen hinterlegten Module (z.B. Ski, Mützen, Handschuhe) nach Kundenwunsch zusammenfügen und mit dem freigegebenen Logo an der vorgesehenen Stelle drucken und liefern lassen.

3.3 Ausgeschlossene Aufgaben für intelligente Informationssysteme

Die Grafikabteilung arbeitet in sehr enger Absprache mit den einzelnen Filialen (den sogenannten Verbund Mitgliedern) zusammen und erstellt individuelle Werbemaßnahmen auf Kundenwunsch. Dies bedeutet konkret: Das Mitgliedshaus „Müller" sendet in Form einer Excel Tabelle einen selbst erstellen Warenspiegel mit einer bestimmten Anzahl an Produkten mit den dazugehörigen Preisen und Produktbezeichnungen und -beschreibungen. Zusätzlich erhält die Grafikabteilung das gewünschte Anzeigen- oder Prospektformat mit der dazugehörigen Farbigkeit, dem Abgabetermin und sonstigen individuellen Gestaltungswünschen. Dadurch entstehen hier im Vorfeld schon einige individuelle nicht automatisierbare Aneinander-Kettungen von Variablen, die durch eine Maschine nahezu unmöglich berücksichtigt werden können. Anschließend wird das dazugehörige Bildmaterial entweder selbst fotografiert oder in der hauseigenen oder externen Marken-Bilddatenbank recherchiert und gegebenenfalls aufbereitet. Sind alle Produkttexte und Bilder vorhanden werden sie in das entsprechende Format gesetzt und nach Corporate Design gelayoutet. Hierbei geht es hauptsächlich um das Einhalten der gegebenen Vorschriften der Corporate Identity und der Ästhetik. Auch dies ist eine Aufgabe die eine Maschine nicht beherrscht. Ein gutes und geschultes Auge für Design, Formen und Schrift kann man nicht programmieren. Anschließend werden Korrekturabzüge an das Mitglied verschickt und eventuelle Verbesserungen danach telefonisch besprochen. Erfolgt die Freigabe wird das Dokument an die Druckerei übermittelt.

Abbildung 3: Mitglieder Prospekt der INTERSPORT (Quelle: Archiv Grafik INTERSPORT)

Ein weiteres Aufgabengebiet ist die Fotografie von Hart- und Legeware und die Freigabe von externen Werbeagenturen. Hierbei ist auf die richtige Ausleuchtung sowie das Einhalten der Fotografie-Anforderungen des Corporate Designs zu achten. Hier ein Beispiel: Schuhe dürfen nur in einem bestimmten Winkel von der Seite fotografiert werden und bei den Hosen muss immer ein Bein angewinkelt sein. Dabei ist es nahezu unlösbar, dass eine Maschine Kleidungsstücke oder Hartware, wie zum Beispiel Ski oder Snowboards, so positionieren kann, dass die Anforderungen erfüllt werden.

Literaturverzeichnis

Autonomes Fahren: Umkonzeptionierung des Autos http://www.autonomes-fahren.de/umkonzeptionierung-des-autos-autonomes-fahren/ (Stand 17.09.15)

Bittmann, F.: Soziologie der Zukunft, 1. Auflage. epubli. Berlin 2014

Deutsche Wirtschafts Nachrichten: Jeder zweite Job wird durch Automatisierung wegfallen http://deutsche-wirtschafts-nachrichten.de/2013/12/26/technologie-jeder-zweite-job-wird-durch-automatisierung-wegfallen/ (Stand 17.09.15)

Die Welt: Das Zeitalter der Maschinen-Kollegen bricht an http://www.welt.de/wirtschaft/article137099296/Das-Zeitalter-der-Maschinen-Kollegen-bricht-an.html (Stand 17.09.15)

Die Welt: Maschinen könnten 18 Millionen Arbeiter verdrängen http://www.welt.de/wirtschaft/article140401411/Maschinen-koennten-18-Millionen-Arbeitnehmer-verdraengen.html (Stand 17.09.15)

Die Welt: Volkswagen ersetzt die Babyboomer durch Roboter http://www.welt.de/wirtschaft/article136984738/Volkswagen-ersetzt-die-Babyboomer-durch-Roboter.html (Stand 17.09.15)

Focus: Diese fünf Jobs werden bald durch Maschinen ersetzt. http://www.focus.de/finanzen/videos/roboter-schlaegt-mensch-diese-fuenf-jobs-werden-bald-durch-maschinen-ersetzt_id_4329311.html (Stand 17.09.15)

Foucalt, M. Überwachen und Strafen. 15 Auflage, Suhrkamp Verlag. München, 1993.

Frey, C., Osborne, M.: The future of employment working paper. Pdf. Oxfordmartin. Oxford 2013

Heise: Die sieben Hürden zum selbstfahrenden Auto http://www.heise.de/ct/artikel/Die-sieben-Huerden-zum-selbstfahrenden-Auto-2764145.html (Stand 17.09.15)

Heller, C.: Post-Privacy: Prima leben ohne Privatsphäre. 1 Auflage, Verlag Beck. München, 2011.

INTERSPORT: Intranet http://intranet.ecm.intersport.biz (Stand 15.09.15)

INTERSPORT: INTERSPORT Unternehmen http://www.intersport.de/cms/unternehmen/ (Stand 17.09.15)

Schaar, P.: Das Ende der Privatsphäre: Der Weg in die Überwachungsgesellschaft. 1. Auflage. Bertelsmann. München 2007

Schäfers, M.: Zeitdiagnosen – Von der Arbeit zur Tätigkeit, 4. Band. LIT Verlag. Münster 2001

Spiegel: Automatisierte Systeme verändern Lagerwirtschaft http://www.spiegel.de/wirtschaft/unternehmen/automatisierte-systeme-veraendern-lager-wirtschaft-a-847701.html (Stand 17.09.15)

Statista: Anzahl der Internetnutzer weltweit http://de.statista.com/statistik/daten/studie/186370/umfrage/anzahl-der-internetnutzer-weltweit-zeitreihe/ (Stand 17.09.15)

Abkürzungsverzeichnis

BIP: Bruttoinlandsprodukt
CMS: Content Management System
eG: Eingetragene Gesellschaft
IT: Informationstechnologie
Kita: Kindertagesstätte
V2I: Vehicle to Infrastructure

Abbildungsverzeichnis

Abbildung 1: Anzahl der Internetnutzer weltweit von 1997 bis 2014.................5
Abbildung 2: Teaser Startseite der INTERSPORT Homepage.......................10
Abbildung 3: Mitglieder Prospekt der INTERSPORT 11

BEI GRIN MACHT SICH IHR WISSEN BEZAHLT

- Wir veröffentlichen Ihre Hausarbeit, Bachelor- und Masterarbeit

- Ihr eigenes eBook und Buch - weltweit in allen wichtigen Shops

- Verdienen Sie an jedem Verkauf

Jetzt bei www.GRIN.com hochladen und kostenlos publizieren